AF243479

ETHNOLOGIE

CALÉDONIENNE

PAR

M. DEPLANCHE

MEMBRE DE LA SOCIÉTÉ LINNÉENNE DE NORMANDIE

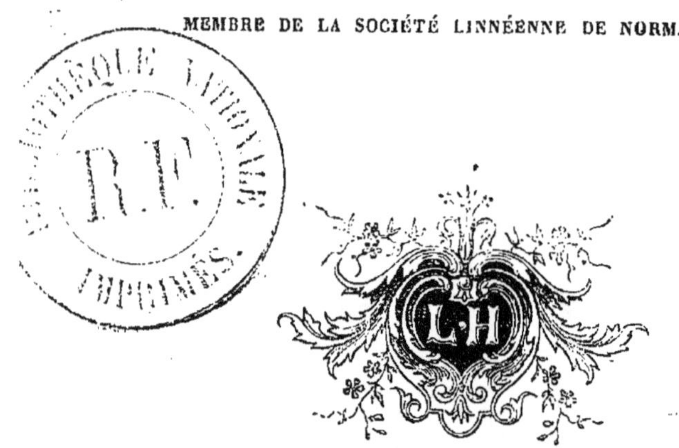

CAEN

IMPRIMERIE DE F. LE BLANC-HARDEL, LIBRAIRE

RUE FROIDE, 2 ET 4

—

1870

Extrait du Bulletin de la Société Linnéenne de Normandie,
2ᵉ série, t. IVᵉ.

ETHNOLOGIE CALÉDONIENNE.

La Polynésie, dans la plus large acception de ce mot, comprend tous les groupes d'îles situés à 15 degrés de chaque côté du premier méridien, et entre le 15ᵉ parallèle de latitude sud et le 30ᵉ de latitude nord. Elle embrasse une étendue de l'Océan Pacifique égale à 7,000 milles dans une direction et à environ 5,600 milles dans l'autre. Les principaux groupes sont ceux des Larrons, les Carolines, les îles Pélew, les Salomon, les Nouvelles-Hébrides, les Fidjy, les Sandwich, les îles de la Société, le groupe Georges, l'archipel des Navigateurs, les îles des Amis, les îles Australes et la Nouvelle-Zélande.

Prise sur une plus large échelle, la Polynésie peut être dite située entre les côtes orientales de l'ancien continent et les côtes occidentales du nouveau ; elle renfermerait ainsi un espace beaucoup plus considérable, surtout si l'on y joint le grand archipel Indien, les îles de Sumatra, Bornéo, Java et la Nouvelle-Hollande ou Australie. Par rapport à la couleur, les Français ont donné à cette dernière partie le nom de Mélanésie, qui, outre l'Australie, comprend la terre de Van-Diémen, la Nouvelle-Guinée, la Nouvelle-Irlande, le Nouvel-Hanovre, les îles Salomon, l'archipel de la Louisiade, les Nouvelles-Hébrides, les îles Loyalty, la Nouvelle-Calédonie et une partie des Fidjy.

La question qui se présente naturellement à l'esprit est celle qui touche à l'origine et aux caractères des habitants de l'Océan Pacifique. Deux races bien distinctes s'en partagent l'étendue; depuis la plus haute antiquité, elles occupent la Polynésie. L'une, d'après ses formes extérieures et la couleur de la peau, semble se rapprocher des peuples de l'Asie-Orientale et a pu venir, à une époque éloignée, de la presqu'île de Malaka dans les îles qui s'étendent, vers l'est, à une assez grande distance et forment, pour ainsi dire, une ceinture à l'Équateur. L'autre ressemble d'une manière remarquable aux populations noires de l'Afrique; elle en a la peau noire, les cheveux plus ou moins laineux et les formes déprimées. Si l'on compare ces différences de couleur, la conformation physique des habitants, le genre de langues qui n'ont que peu de rapports entre elles, l'on peut se faire une idée exacte de la ligne de démarcation qui sépare les Polynésiens orientaux des Polynésiens occidentaux ou Mélanésiens. Mais lorsque l'on arrive aux îles Salomon, aux Nouvelles-Hébrides, aux Fidjy, à la Nouvelle-Calédonie, placées, pour ainsi dire, aux points de jonction de ces deux grandes divisions, les caractères distinctifs de chacune de ces races disparaissent et semblent se confondre pour donner naissance à un type intermédiaire dont les caractères, si l'on continue à s'avancer dans l'ouest, s'effacent peu à peu pour faire place à d'autres, voisins du nègre africain.

Ces populations se livrent toutes à la pratique de l'anthropophagie; les Fidjiens semblent occuper le plus haut degré de l'échelle intellectuelle; les habitants des Nouvelles-Hébrides leur sont inférieurs en stature, en force, en intelligence; ceux de l'archipel Salomon, de la Nouvelle-Irlande, etc., bien qu'ayant de nombreux rapports avec eux, paraissent appartenir à un peuple encore moins robuste et moins avancé.

Quant aux Néo-Calédoniens qui doivent spécialement nous occuper, ils sont à peine inférieurs aux habitants des Fidjy qui, longtemps avant eux, ont eu des rapports avec les Polynésiens dont la civilisation, relative toutefois, ne peut faire l'ombre d'un doute. Quoique différents des Fidjiens par la langue, ils constituent avec eux, dans la famille nègre océanienne, une variété à laquelle se subordonneraient les précédentes, variété qui, par une transition insensible, établirait un trait d'union entre les noirs habitants de la Nouvelle-Hollande et les nations basanées du Pacifique.

L'on peut caractériser ainsi le Néo-Calédonien : « Crâne « dolichocéphale; mâchoire supérieure prognathe; cheveux « noirs, très-longs, touffus et frisés, empiétant légèrement « sur le front; barbe plus ou moins fournie; ovale du visage « régulier; pommettes saillantes; nez assez bien formé, « proéminent, quoique plus ou moins épaté; narines à peu « près aussi longues que larges; lèvres moyennes, bouche « grande, dents régulièrement implantées. »

Les Néo-Calédoniens semblent se rapporter à la grande famille des Papous qui occupent la Nouvelle-Guinée, mais auxquels, si l'on peut s'en rapporter à la description que nous a laissée de ces peuples notre compatriote Dumont-d'Urville, ils sont de beaucoup supérieurs par leur apparence extérieure et par leurs traits. Si on veut chercher leur origine, on ne trouve de guides dans aucune de leurs traditions. Quoique sans contredit ils doivent remonter à une haute antiquité, ils semblent un peuple né d'hier; leurs légendes, leurs chansons ne font aucune mention des immigrations qui ont dû avoir lieu à une époque reculée; à les en croire; leurs ancêtres n'auraient jamais habité d'autre terre que celle qu'ils occupent maintenant.

Suivant diverses opinions, la race mélanésienne aurait eu son berceau dans la Nouvelle-Guinée, dont les autocthones, refoulés par une invasion, se seraient confiés aux flots pour aller à la recherche d'une nouvelle patrie. Traversant le détroit de Torrès, ils se seraient dans le principe établis

ur es côtes septentrionales de l'Australie ; de là leurs descendants se seraient dispersés dans l'est, en suivant les lignes
qui marquent la distribution des plantes alimentaires. La
Nouvelle-Calédonie fut-elle colonisée à cette époque par des
peuples de même race poussés par les vents sur ses bords?
Cela paraît douteux ; car bien que l'on y trouve des individus
aussi laids, aussi chétifs que le sont les Australiens, ils en
diffèrent tellement sous d'autres rapports qu'il est impossible
de s'arrêter à cette opinion.

Si l'on s'en rapporte à l'examen des caractères physiques
uniformes dans toutes les tribus qui couvrent le sol de l'île,
il n'est pas douteux que les Calédoniens descendent des races
noires de l'Asie ; mais par des mélanges dont l'origine nous
est inconnue, soit avec les Malais dont ils ont tous les in-
stincts féroces, soit avec les Polynésiens et peut-être avec les
Carolins auxquels ils semblent avoir emprunté beaucoup de
leurs coutumes, ils sont arrivés à constituer avec le temps un
type particulier qui ne ressemble ni à l'une ni à l'autre des
races polynésiennes, mais qui néanmoins présente des caractères communs à chacune d'elles. En Calédonie, en effet,
nous trouvons la distinction des castes, la plus ancienne et
sans contredit la plus remarquable forme de la société parmi
les populations de l'Asie orientale. Ce caractère, qui do-
mine dans une grande partie des archipels du Pacifique, se
trouve aussi aux Fidjy, aux Nouvelles-Hébrides, etc. , ainsi
que l'institution du tabou et la circoncision, que l'on considère
comme originaires de la même contrée.

La circoncision, pratiquée pour des motifs religieux à la
Nouvelle-Zélande, aux îles des Amis, de la Société, semble
ne pas avoir ce caractère en Calédonie ; elle a, en effet, sa
raison d'être d'une absolue nécessité, et son but unique est
d'initier les jeunes garçons, arrivés à l'âge de puberté, aux
devoirs de leur sexe.

Nous pourrions encore invoquer, comme preuve de l'origine malaise des Néo-Calédoniens, l'habitude qu'ils ont dans certaines circonstances, dans les fêtes par exemple, de jouer des espèces de pantomimes, la figure couverte d'un masque grossier.

Quoi qu'il en soit, que l'on nous permette l'hypothèse suivante : à une époque indéterminée et par des causes restées inconnues, soit une invasion d'étrangers, soit un surcroît de population, une partie de cette nouvelle race, poussée par des vents d'ouest aussi fréquents, nous apprend La Pérouse, que ceux de l'est, dans une zône de sept à huit degrés de chaque côté de l'Équateur où ils varient suffisamment pour rendre faciles des voyages en toute direction, serait venue s'établir dans les îles voisines de la Nouvelle-Guinée, telles que la Nouvelle-Bretagne, la Nouvelle-Irlande, l'archipel des Salomon, les Nouvelles-Hébrides. Des causes semblables l'auraient portée de nouveau plus au sud; et les Fidjy, les Loyalty, la Nouvelle-Calédonie, probablement inhabitées et où l'uniformité des types indique évidemment des races pures, se seraient trouvées ainsi colonisées.

Indépendamment des caractères anatomiques particuliers aux différents peuples qui occupent les divers archipels dont nous venons de parler, l'on trouve encore de nombreux points de ressemblance dans leurs mœurs, leurs religions et leur industrie, qui prouvent surabondamment leur communauté d'origine. Quant aux Néo-Calédoniens, placés à la limite extrême des terres occupées par cette race, une fois propriétaires du sol , par une espèce d'isolement ils se seraient conservés purs de tout contact étranger, en faisant périr les malheureux que les vents et les tempêtes jetaient sur leurs côtes.

La population d'Uéa et celle des autres îles étant devenue sans doute trop considérable, beaucoup, sans cependant cesser leurs relations avec leurs frères, vinrent s'établir sur

les îles voisines de Lifu et de Maré, où la population en général a pris d'eux certains caractères qui les différencient essen-
tiellement de ceux de la Grande-Terre.

Mais, dans la vie de chaque peuple, il arrive un moment
où des changements se produisent dans les mœurs ; une sorte
de besoin de sociabilité se fait sentir, les hommes se rapprochent et une nouvelle ère commence. Pourquoi n'en
aurait-il point été ainsi pour les Calédoniens ? « Nous sommes
moins cruels que nos ancêtres, disent-ils, nous sommes
aussi plus nombreux, car nos guerres sont plus rares ; aujour-
d'hui nous recevons les étrangers, et nous ne les tuons que
s'ils nous causent quelque dommage. »

Ces paroles se trouvent confirmées par la présence d'une
population qui doit son origine au mélange *récent* de la race
ancienne avec les naturels des îles Wallis et Touga.

Ce mélange s'est fait sur une assez grande échelle aux îles
Loyalty et surtout à Uéa, la plus septentrionale de ce groupe.
Les habitants de cette île tranchent d'une manière remarquable avec ceux de la Calédonie proprement dite. Leur
physionomie, leurs mœurs, leur langue ont de grands rapports avec celles des Wallisiens dont ils descendent ; leur mi-
gration ne paraît pas remonter au-delà de cinq ou six générations. Ils forment trois tribus distinctes, divisées en deux
fractions dont l'origine est très-visible encore. Les abori-
gènes habitent pour la plupart l'intérieur et ressemblent aux
Calédoniens ; une tribu de ceux-ci est venue s'établir sur la
côte sud ; enfin, la côte nord est occupée par les descendants
des Polynésiens dont quelques individus, et surtout les
femmes, ont conservé presque pur le type primitif, le teint
jaunâtre, les cheveux lisses, les yeux en amande ou légèrement bridés.

Les métis qui résultèrent de l'union de ces Polynésiens
avec les naturels de l'île ne tardèrent pas à se répandre dans

la côte calédonienne, qui est séparée de l'archipel des Loyalty par un canal de 40 à 50 milles environ, et se fixèrent partie à Hienghen et à Wagap, partie à Tuo et à Poébo, où on les trouve encore réunis en plusieurs villages. Considérés par les Néo-Calédoniens comme des étrangers, ils ne se marient le plus souvent qu'entre eux ou avec des femmes d'Uéa.

Comme ceux des Loyalty, une grande partie des naturels de l'île des Pins n'offre pas non plus le type pur du Calédonien. Déjà Forster et Anderson, qui accompagnaient Cook, avaient remarqué une différence notable dans la physionomie et les mœurs de ces indigènes. Ces deux savants expliquent cette différence au moyen d'une légende qui aujourd'hui encore a cours dans l'île. D'après cette tradition, une ou deux grandes pirogues des Tonga, allant faire la guerre aux Vitiens, furent poussées par les vents jusque sur les côtes de l'île des Pins et y firent naufrage. Assez nombreux pour se faire respecter, les naufragés vécurent en bonne intelligence avec leurs hôtes, s'allièrent avec eux et finirent par leur faire adopter quelques-unes de leurs coutumes, comme le tabou rigoureux, l'institution du grand-prêtre et les sacrifices humains, qui ne disparurent que lors de l'introduction du christianisme. En rapport continuel avec les naturels d'Uéa, très-fréquemment visités par les sandaliers et les pêcheurs de Tripang ; les indigènes ont encore éprouvé diverses modifications qui les différencient de ceux de la Grande-Terre, que nous avons visitée dans toute son étendue, tant à l'intérieur que sur les côtes ; tous, quoi qu'on en ait dit, nous ont paru parfaitement identiques, et, à quelques exceptions près, n'avoir subi aucun mélange. Partout nous avons trouvé les mêmes types, la même organisation, les mêmes mœurs et les mêmes usages ; les seules différences que nous y ayons observées sont trop faibles pour qu'elles puissent modifier en quoi que ce soit cette assertion, et ne tiennent qu'à des circonstances purement locales. Quant à la différence des idiomes sur laquelle quelques écrivains s'appuient, M. de Rochas entre autres, pour démontrer que des émigrations ont dû avoir souvent lieu en Calédonie et changer ainsi le type primitif de la population, nous dirons que ces variations ne sont pas aussi communes qu'on l'a prétendu, qu'elles n'ont pas lieu de tribu à tribu, mais bien de confédération à confédération. Tous ces dialectes rentrent l'un dans l'autre ; leurs formes grammaticales sont partout les mêmes ; si leurs vocabulaires sont différents, cela indique plutôt l'état complet et la longue durée de l'isolement dans lequel ont vécu ces différents groupes. Nous croyons pouvoir attribuer à cette existence restreinte, aux croisements continuels des mêmes familles pendant de longues générations, les causes du dépérissement qui bientôt anéantira cette population : la fécondité s'en trouve diminuée, et les familles qui n'ont qu'un ou deux enfants sont plus nombreuses que celles où l'on en compte trois ou quatre.

C'est à tort, selon nous, que certains voyageurs ont écrit que les habitants de la côte est et surtout ceux de Kanala sont mieux faits que les naturels des autres tribus, que les femmes y sont plus jolies, ou plutôt moins laides et mieux traitées que partout ailleurs. L'on y remarque, il est vrai, quelques individus, hommes et femmes, ayant la peau un peu moins bistre, le nez plus effilé, les cheveux plus ou moins lisses ; mais ces individus proviennent de croisements avec les blancs qui depuis longues années fréquentent ces parages. Continuellement en rapport avec les naturels, beaucoup vivent maritalement avec les femmes du pays qui partagent leurs travaux. Nous avons ces types dans presque toutes les tribus, à Wagap, à Hienghen, à Balade ; et les renseignements pris à ce sujet ne nous ont laissé aucun doute sur l'origine de ces métis, dont le nombre augmente chaque jour, et qui, dans un temps plus ou moins long, modifieront étrangement les caractères de la population actuelle et la rendront pour ainsi dire méconnaissable.

Sur la côte ouest, où les émigrations qui ont eu lieu depuis un siècle environ sur la côte est sont à peu près inconnues, où le sol riche et fertile fournit abondamment à tous les besoins, et où les cultures nous ont paru beaucoup plus parfaites et mieux entretenues que dans les autres parties, la population y est aussi belle que celle de l'autre côté, et possède les mêmes caractères physiques. Dans le sud et le sud-ouest au contraire, dont les habitants sont en rapports journaliers avec les naturels de l'île des Pins et des Loyalty, mais où les terrains sont pauvres et les produits peu abondants, la population se ressent des privations qu'elle endure ; elle est plus foncée en couleur, ses cheveux sont plus laineux et ses formes plus grêles ; les femmes, de leur côté, y sont et plus laides et plus fatiguées.

Au reste, il en est de l'homme comme des animaux ; que l'on compare le cheval bien nourri, bien logé, travaillant peu, au cheval du paysan dont la vie se passe dans un continuel labeur et n'est qu'une suite de privations : le premier a des formes rebondies, son poil est lisse et brillant, son allure est pleine de feu, et il porte haut la tête ; l'autre au contraire a les flancs amaigris, son poil est rude et hérissé, son œil languissant, et, comme s'il avait conscience de sa dégradation, il marche lentement et la tête humblement baissée. Il en est ainsi du Calédonien dans chaque tribu. La société se divise, avons-nous dit, en plusieurs classes ; ceux qui sont rangés dans la dernière ne vivent, à proprement parler, que de ce qu'ils trouvent ; ils n'ont ni terres à cultiver, ni richesses à échanger. Vivant au jour le jour, soumis à mille vicissitudes, sans cesse inquiets pour leur vie, ils ont pour ainsi dire animalisé dans leur personne les caractères de la race ; mais quiconque les examine attentivement ne peut reconnaître en eux que les fils dégénérés d'une même famille. Rebut de la société, ils ne se marient qu'avec des êtres de leur condition et ne donnent naissance qu'à une progéniture chétive et malingre, destinée à rapidement disparaître.

M. Bourgarel, dans son *Essai sur l'Ethnologie néo-calédonienne*, s'exprime ainsi, (p. 253, *Mém. de la Soc. Ethnolog. de Fr.*) : « Pour moi, l'île est peuplée par deux races
« distinctes : l'une, appartenant au type nègre océanien pro-
« prement dit et se rapprochant un peu du type *éthiopien*,
« se fait remarquer par une couleur très-foncée de la peau,
« *des cheveux courts et très-crépus*, une *petite* stature, des
« membres grêles et *disproportionnés*, un *grand* aplatisse-
« ment du crâne en travers, un nez *très*-épaté et profondé-
« ment déprimé à sa racine, un prognathisme *très*-prononcé
« et des pommettes *très*-saillantes.

« L'autre, *la race jaune*, outre la coloration plus claire
« de la peau, se distingue de la première par un front plus
« haut, plus large et plus droit, des yeux moins injectés et
« moins enfoncés sous les orbites, un nez *moins* épaté, des
« lèvres plus minces et *moins* proclives, des pommettes
« *moins* saillantes, une stature et un développement muscu-
« laire plus avantageux, caractères qui tous les rapprochent
« du type polynésien.

« On rencontre surtout *la race jaune* à l'île des Pins, à
« l'extrémité sud et sur la côte est de la Nouvelle-Calédonie,
« à Unia, à Tihuaca, à Wagap, à Hienghen, à Poebo; et
« j'estime qu'à Kanala la population se compose à peu près
« *de race jaune* 1/5, *de race noire* 2/5, métis des deux
« races 2/5 (p. 254). »

Tout ceci est à confondre. M. Bourgarel, qui n'est resté que quelques mois et n'a fait que passer en guerroyant dans trois ou quatre points de la Calédonie, a jugé beaucoup trop vite. Quant à son estimation de la population de Kanala, la seule qu'il ait eu l'occasion d'étudier un peu pendant un séjour de quinze jours, je lui demanderai où il a trouvé une race jaune, une race noire presque éthiopienne et une métisse. Je le demande d'autant plus que de mémoire d'homme l'on n'a pas vu sur la Grande-Terre un seul individu appartenant au type polynésien pur. Souvent, en présence de Calédoniens d'une réelle beauté, nous avons recherché à remonter dans leur origine, et en aucun cas nous n'avons pu, parmi des ascendants remontant à la quatrième génération, en trouver un seul appartenant à la race jaune proprement dite.

Ceux que l'on y rencontre actuellement et à de rares intervalles sont généralement des Tongiens, des Tahitiens, engagés comme matelots à bord de certains navires anglais qui, pour ne pas les payer, les abandonnent sur l'île où ils vivent misérablement jusqu'à ce qu'ils aient rencontré un nouvel engagement.

A l'exception des mesures qu'il a prises sur un certain nombre de crânes transportés par lui à Paris, tout ce que dit M. Bourgarel est le résultat non de ses observations propres, mais de ses conversations avec les missionnaires néo-calédoniens, gens très-forts, je n'en doute pas, en théologie, mais très-faibles en ethnologie.

D'ailleurs si, comme le suppose M. Bourgarel, il s'était opéré un mélange quelconque, il n'est pas douteux que les femmes auraient pris un peu de la beauté polynésienne, ainsi que cela a eu lieu aux îles Fidjy où les Tongiens entre-tiennent de nombreux rapports, et aux Loyalty où les femmes sont incomparablement moins laides que les Calédoniennes.

Il y a plus, M. Bourgarel prouve par ses observations qu'il

n'a vu ni métis d'Ouvéa, ni métis de l'île des Pins. Ces deux types ont des caractères tellement tranchés qu'il est impossible de les confondre avec les habitants de la Grande-Terre. Pour nous qui, pendant huit années, avons visité ces populations et les avons attentivement étudiées, nous disons que les vrais métis mélano-polynésiens se distinguent plus par la nature de leurs traits que par leur chevelure ou la couleur de leur peau ; ils sont en général de taille moyenne, au-dessous de celle de leurs pères ; quelques-uns ont un cachet de beauté tout particulier, presque européen , et parmi eux plusieurs seraient certainement des modèles dignes de la statuaire ; ils ont le nez aquilin , effilé ; quoique les lèvres débordent un peu, elles sont minces et très-peu charnues ; leurs cheveux sont longs , lisses ou légèrement frisés ; leurs yeux grands , quelquefois un peu obliques et bridés ; la barbe peu abondante ; avec cela, et contrairement à la majorité des Calédoniens, ils ont quelquefois la peau aussi noire et brillante que celle du plus noir africain. Nous citerons pour exemple le jeune Oanhé d'Uéa, chef de Faiahué, dont le teint ne peut être mieux comparé qu'à celui des nègres malabars ou coolies employés dans nos colonies, et qui joint à cela de beaux traits , un nez aquilin et des cheveux lisses. Nous pourrions citer encore sa sœur Eugénie qui a tous les mêmes caractères, est réellement belle, mais est aussi noire que jolie.

Quant à ceux dont les cheveux sont crépus, le nez court et épaté, l'ensemble de leurs traits empêcherait seul de les confondre avec des nègres, si un caractère physique beaucoup plus important et commun à l'ensemble métis des îles Loyalty, des villages Uéens de la Grande-Terre et d'une partie des naturels de l'île des Pins, ne suffisait seul à différencier les vrais métis d'origine polynésienne récente, des Calédoniens proprement dits. Chez ceux-ci, en effet, les

organes génitaux ont une telle conformation qu'une sorte
de circoncision est d'une absolue nécessité, pour amener les
conséquences qu'entraînent avec eux les rapports conju-
gaux; chez les autres ces organes sont normalement con-
ditionnés, et leur disposition rend inutile l'opération dont
nous venons de parler. Cette conformation plus parfaite a
entraîné une modification dans les coutumes. Ainsi, tandis
qu'à la suite de l'opération le Calédonien recouvre les parties
d'un morceau d'étoffe ou d'une feuille de bananier, les naturels des Loyalty vont complètement nus, ne portant autour
des reins qu'une simple liane ou un cordon.

Depuis l'arrivée des Polynésiens à Uéa, les mariages de
métis entre eux et de descendants de métis avec les anciens
habitants ont donné naissance à une population nouvelle, qui
se répandit rapidement dans le groupe. Mais la cause ayant
cessé peu à peu, à l'exception de quelques familles qui se
sont conservées pures en se mariant entre elles et en n'émi-
grant jamais, cette population tend à revenir au type calédonien primitif. Aussi voit-on des habitants des îles Loyalty
ou de l'île des Pins, plus ou moins noirs, plus ou moins
jaunes ou bruns qui, par leurs caractères physiques, rappellent leurs premiers ancêtres et n'en peuvent être distin-
gués que par l'ensemble plus agréable de leurs traits, et
surtout la conformation normale des organes génitaux.

Les Néo-Calédoniens ont la peau noire ; mais, par un
mélange de jaune, cette couleur affecte une teinte qui varie
suivant les individus du jaune sombre au noir brun. *Ce qu'il
y a surtout de remarquable, c'est que chez tous la peau
reflète une teinte purpurine plus ou moins foncée qui, à elle
seule, suffirait pour les différencier des autres races.* Au
reste, comme dans les races supérieures, l'on rencontre
parmi les Calédoniens, unies aux caractères fondamentaux,
les teintes les plus variées, depuis la couleur marron la plus

sombre au blond roux le plus clair. A Gatop entre autres, nous citerons l'un des hommes du chef Mamgo, dont la peau avait cette coloration à un degré extraordinaire ; la barbe, les cils, les sourcils et toutes les villosités du corps étaient de la même couleur.

Comme celle du nègre, leur peau est douce et fraîche au toucher ; elle exhale aussi une odeur particulière, mais bien moins désagréable. Le plus souvent elle est peu sensible chez un grand nombre, et ne le devient qu'après une longue course, de rudes fatigues, ou un *pilou-pilou* effréné. On ne la rencontre point chez les enfants avant l'âge de puberté. Les femmes, en général, que leurs travaux fatigants forcent à de fréquentes immersions, et les naturels qui ont pris les habitudes de propreté des blancs semblent sinon complètement privés de cette odeur, du moins la rendre très-supportable ; ce qui nous porte à croire qu'elle est due plutôt à leur état de saleté habituelle, à leur manière de vivre dans des cases enfumées, qu'à leur constitution même.

Les enfants, au moment de leur naissance, sont d'un jaune rougeâtre assez clair qui disparaît au bout de quelques jours pour faire place à la teinte naturelle. L'on en voit d'entièrement blancs, qui restent blancs, bien que présentant tous les caractères distinctifs de la race. D'ordinaire ils sont plus laids et semblent plus chétifs que leurs frères noirs. En naissant les enfants ont l'abdomen très-développé, les membres grêles ; ce qui, quand ils grandissent, les rend très-disgracieux ; mais avec l'âge ces difformités disparaissent.

L'angle facial varie de 67 à 76 degrés ; la volumineuse chevelure qui orne leur tête fait croire de prime abord que cet angle est plus ouvert qu'il ne l'est en réalité. Leur taille ne dépasse pas la moyenne ; cependant l'on voit des individus qui atteignent 1 mètre 80 centimètres et plus ; quelques-

uns sont de très-petite taille ; mais, à l'exception d'un seul,
nous n'avons pas vu de nains.

Les Néo-Calédoniens offrent une grande variété de traits ;
ils sont solidement constitués, ils ont les épaules et les
hanches larges et bien musclées. Quoiqu'ils ne présentent
pas de formes aussi gracieuses, aussi régulières que celles
des Polynésiens, ils sont néanmoins bien faits et n'ont point,
comme les habitants des îles Tonga et Taïti, de tendance à
l'obésité.

En général, la poitrine est vaste et bombée ; les bras sont
nerveux, peut-être un peu maigres chez quelques-uns, mais
toujours terminés par des mains fines, relativement petites,
et aux doigts allongés. Le cou est solidement attaché et remarquable surtout par sa brièveté. Les seins sont très-apparents.
Parmi les jeunes gens beaucoup même présentent un développement extraordinaire des glandes mammaires. La taille
est bien prise, svelte, dégagée et fortement cambrée ; les
muscles fessiers sont très-développés, surtout chez les femmes.
Quoique les membres inférieurs soient bien nourris, on pourrait peut-être reprocher à quelques-uns de les avoir un peu
grêles ; mais ce défaut se rencontre peu dans les hautes
classes, il n'est réellement fréquent que dans la classe infime
de la population. Beaucoup ont les membres inférieurs
courts relativement à la longueur du torse ; chez tous ils
offrent une légère courbure interne, qu'il faut probablement
attribuer au mode d'articulation du fémur sur le bassin,
articulation telle que le col de cet os semble dirigé plus en
avant que chez l'Européen ; de là une rotation du fémur sur
lui-même, d'où suit pour les genoux et les pieds une tendance à se porter en dedans. Ne pourrait-on point rapporter cette disposition à l'étroitesse des sentiers qui con-
traint dès l'enfance les naturels à marcher la pointe des
pieds un peu rentrée, afin d'éviter des cahots trop fréquents ?

Le tibia, de son côté, offre une courbure légère à convexité antérieure qui provient sans doute de la manière des femmes de porter les enfants à califourchon sur leurs hanches, le bras passé sous leurs aisselles ; dans ce cas l'enfant ne se retient du balottement qu'à l'aide de ses jambes qui enserrent le corps de la mère et en sont souvent rapprochées à l'aide d'un morceau d'étoffe. Chez les uns le mollet est modérément développé ; chez les autres il acquiert de belles proportions. Quant aux pieds déformés par la marche à nu, ils sont larges, quoique assez petits et assez cambrés ; ce qu'il est facile de reconnaître par les nombreuses empreintes que l'on rencontre à chaque instant sur les plages de sable ; les orteils varient beaucoup dans leur disposition ; mais en aucun cas, à l'exception toutefois du gros orteil qui est souvent plus court ou sur la même ligne que son voisin, ils n'arrivent tous au même niveau ; chez tous, le calcanéum ne forme pas cette saillie qui distingue certaines races africaines. Quant à la disposition du premier métatarsien, assez éloigné des autres chez quelques individus seulement, elle n'est point congéniale, mais acquise ; elle est due à l'habitude de monter aux arbres, aux cocotiers surtout. Dans cet acte le gros orteil joue le principal rôle ; il en résulte un caractère que l'on retrouve dans quelques-uns de nos départements du midi de la France, chez les individus qui dépouillent les chênes-liéges de leur écorce.

Le Calédonien est doué d'une physionomie souriante ; les traits chez la plupart sont agréables, loin d'être hideux comme l'ont avancé certains voyageurs qui ne les ont vus qu'avec les yeux de la foi ; beaucoup même présentent une régularité de traits que le plus difficile ne pourrait s'empêcher de trouver belle, quoiqu'elle conserve toujours ce caractère typique qui certes empêche de la confondre avec les métis d'origine polynésienne récente. Le tour du visage est un ovale plus ou moins arrondi ; le front bien qu'étroit est bien formé ; les yeux sont grands, ovales, bien fendus, rarement obliquement dirigés ; ils sont surmontés de sourcils noirs, épais, arqués, bien dessinés ; les paupières, largement ouvertes, sont armées de longs cils réfléchis et si serrés chez quelques-uns qu'ils ont un aspect velouté ; chez la plupart le globe de l'œil est saillant et bombé ; l'iris est d'un brun plus ou moins foncé ; les conjonctives sont jaunâtres et injectées, ce qui donne à leur regard, en certains moments et selon les passions qui les animent, une expression farouche ; tantôt, et c'est fréquent, elles sont d'un blanc laiteux ; quelquefois, mais rarement, d'un bleu azuré clair, et, dans ce cas, leur œil semble rouler au milieu d'un fluide lumineux. Le menton est arrondi et couvert ainsi que les joues et les lèvres d'une barbe noire et touffue. L'oreille est en général plutôt petite que grande, fine et bien bordée ; mais ils la défigurent en perçant dans le lobe inférieur un trou qu'ils agrandissent démesurément. Le nez, plus ou moins épaté, n'est jamais écrasé ; modérément déprimé à sa racine, il ne le paraît en réalité que par le grand développement de l'arcade sourcilière ; les narines sont largement ouvertes, plus ou moins arrondies, mais en aucun cas allongées transversalement et étroites comme chez le nègre dont le nez est aplati. La bouche est grande et entourée de lèvres en rapport avec cet organe. Les dents, dont la blancheur contraste singulièrement avec la couleur de la peau, sont bien rangées et implantées verticalement à la mâchoire inférieure ; à la mâchoire supérieure, elles sont proclives, mais cette proclivité, disparaissant sur le vivant à cause de la grande convexité antérieure des incisives, ne se reconnaît réellement que par l'examen du crâne. Leur profil, en effet, semble à peu près aussi vertical que celui du blanc ; ce que ne confirme pas leur angle facial. Cela tient proba-

-blement à leur manière de porter la tête en avant, en sorte que le menton semble plus rapproché de la poitrine, et l'occiput suivre la direction perpendiculaire du cou.

Leurs cheveux sont, à quelques exceptions près, beaucoup plus forts et plus épais que chez le blanc; le canal intérieur est souvent invisible au microscope. Le mot laineux est impropre chez les Calédoniens, si l'on prend pour comparaison les cheveux du nègre; ils ne sont point non plus crépus dans la véritable acception du mot, ils sont ondés. Ce qui leur donne un aspect que l'on a dit crépu et laineux, c'est leur enchevêtrement. Mais que l'on soumette au peigne une tête de Calédonien, les cheveux se couchent et prennent cette apparence ondulée que l'on remarque chez certains individus de race blanche. La chevelure est beaucoup plus longue que chez les nègres, et lorsqu'ils la laissent se développer en liberté, elle forme une masse arrondie. Les Calédoniens ont la barbe très-forte, les poils en sont longs, frisés et touffus. Le système pileux est assez généralement développé : la poitrine et particulièrement le pourtour des seins, les épaules, le dos, les fesses, l'abdomen et les cuisses sont couverts de poils plus ou moins abondants, contournés, non frisés.

La taille ne semble pas suivre un développement aussi rapide que la puberté, dont les insignes apparaissent de treize à quatorze ans, peut-être même beaucoup plus tôt. A partir de ce moment la croissance prend son élan; parmi les enfants que nous avons vus en 1859, et que leur apparence extérieure nous portait à croire beaucoup plus jeunes qu'ils ne l'étaient réellement, quelques-uns se sont rencontrés avec moi en 1866 qu'il m'eût été impossible de reconnaître, si, par diverses circonstances, ils ne s'étaient rappelés à mon souvenir; je citerai entre autres le jeune Puie de Kanala, qui en 1859 avait dix ans à peine, mesurait 1^m410 et qui aujourd'hui, c'est-à-dire six ans après, mesure 1^m730 et porte tous les attributs d'un homme de vingt-huit à trente ans. Il faut conclure de ce fait qu'il est on ne peut plus difficile de donner, même approximativement, l'âge d'un Néo-Calédonien ; que de jeunes et beaux garçons, qui pour nous seront des hommes faits, auront en réalité seize ou dix-sept ans quand nous leur en attribuerons vingt ou vingt-cinq. Cela explique comment, parmi ces populations, la décrépitude arrive rapidement, et comment la plupart des hommes de quarante-cinq ans sont déjà de vieux radoteurs.

Les Néo-Calédoniens sont lestes, agiles, excellents nageurs et plongeurs, bons marcheurs ; nous en avons vu qui, en moins de quarante heures, accomplissaient un trajet de cent milles coupé par de nombreuses rivières. Cependant ils résistent peu à la fatigue, ce qui tient surtout à leur mode de nourriture exclusivement végétale. Quant à ceux qui sont employés comme matelots sur nos bâtiments et qui ont une alimentation européenne, ils sont généralement doués d'une force remarquable et finissent par ne le céder en rien au commun de leurs collègues blancs. Ils manient la fronde et la sagaie avec une adresse étonnante. Les sens de l'ouïe, de la vue, de l'odorat ont acquis chez eux une perfection dont nous avons peine à nous rendre compte : l'empreinte d'un pied leur suffit pour reconnaître la présence d'un ami ou d'un ennemi ; un coup donné avec l'ongle sur un fruit leur fait juger de sa maturité et de son état. Ils en usent si bien qu'ils surpassent les blancs dans les choses ordinaires ; ils ont un tact tout particulier inconnu des Européens : instruments divers, cordes, matières à empaqueter, ils trouvent tout sous leur main, quand l'homme blanc perdrait son temps à chercher vainement. La nature est pour eux un vaste magasin où tout sert à leur usage, et où ils sont certains de trouver tout ce dont ils ont besoin.

Sous le rapport de l'intelligence, le Calédonien a droit de

prendre sa place dans la grande famille humaine ; il est loin d'être stupide et lourd ; ses sensations sont vives, mais de peu de durée ; ses émotions facilement surexcitées passent rapidement. Il peut aimer vivement, mais il hait de tout cœur ; il sait se commander à lui-même, et jamais l'on ne pourra lire sur son visage autre chose que l'indifférence ; diplomate avant tout, il n'en viendra jamais à son but sans user de détours.

Comme tous les sauvages de la Mélanésie, les Néo-Calédoniens sont vaniteux, fourbes, superstitieux et menteurs, vindicatifs et cruels ; la force brutale est pour eux la suprême loi, et on les voit sacrifier de gaîté de cœur un étranger, une femme, un enfant. Naturellement paresseux et insouciants, leur plus grand plaisir est le repos ; vient ensuite la pipe qu'ils ont continuellement à la bouche tant que dure la provision de tabac. Ils portent la dissimulation au suprême degré, et leur amour de la vengeance n'a pas de limite. S'ils se trouvent trop faibles pour se venger sur le moment, ils renferment en eux leur colère et ne paraissent même pas ressentir l'outrage ; mais si une occasion favorable se présente, même après plusieurs années, ils s'empressent de la saisir, et leur vengeance est d'autant plus terrible qu'elle s'est fait attendre plus longtemps.

Ils feignent la sympathie avec une habileté consommée ; aussi l'on ne peut trop se méfier de leurs caresses, de leurs protestations d'amitié ; lorsque l'on a eu quelques difficultés avec eux, ces protestations cachent toujours des embûches. Toutefois si l'on se comporte bien à leur égard, si on leur a rendu des services, ils agissent loyalement, et une fois leur parole engagée, leur loyauté est forte et durable.

Quant à les croire incapables d'attachement, de reconnaissance ou de tout sentiment généreux, ce serait peut-être aller trop loin ; depuis l'occupation, beaucoup ont fait preuve d'un véritable dévouement ; mais cependant disons qu'en général l'intérêt personnel et la peur paraissent être les seuls mobiles de leurs actions ; pour eux, l'indulgence et la bonté seront de la faiblesse, ils abuseront de votre facilité et en arriveront avec vous à des extrémités souvent terribles. Mais si vous savez vous faire craindre tout en étant juste avec eux, vous aurez alors beaucoup d'amis ; l'on vous respectera, l'on vous fera des cadeaux, et ils vous diront naïvement : « Nous vous donnons ceci, car avec vous nous avons beaucoup peur dans le ventre. »

Le commandant du poste de Balad se plaignait un jour devant le chef de la tribu de Puma de l'insolence des habitants de Bondé, à quoi celui-ci répondit : « Tu veux être avec nous bon comme un père, cela est mauvais, nous ne sommes bons que quand nous avons peur. Tue, et les gens de Bondé ne seront plus insolents. »

Bien différent du nègre africain, le Calédonien a conscience de sa liberté, de son indépendance ; son domaine est partout ; vouloir le soumettre à un système d'esclavage serait peine perdue : les menaces, les châtiments, rien ne pourra agir sur son esprit. Il est paresseux, mais il est sobre ; à quoi bon travailler ? la mer ne fournit-elle point le poisson, les coquillages en quantité ? les bananes, les cannes à sucre, le cocotier croissent en abondance et exigent peu de travail, et d'ailleurs les femmes ne sont-elles pas là ? à elles incombent les durs travaux et le soin de fournir à la table du maître.

Le Calédonien travaillera trois mois, six mois même ; mais au bout de ce temps ses besoins de liberté le reprennent ; il secoue la poussière de ses pieds au seuil du maître qui l'emploie, le paye et le nourrit ; il retourne dans sa tribu et y reprend toutes ses habitudes, sans jeter un regard de regret en arrière. Est-ce à dire que nous devions désespérer d'amener ce peuple à une situation meilleure ?

Non ; le Néo-Calédonien est trop intelligent pour ne pas comprendre les bienfaits de la civilisation ; il sait déjà en apprécier les conséquences, et si nous n'avons pu jusqu'à ce jour obtenir de lui l'abandon de certaines coutumes, les causes auxquelles on doit ce résultat négatif tiennent à divers faits.

Il est nécessaire pour l'avenir de notre colonie, et aussi dans un but d'humanité, de rallier à nous cette population que des tentatives mal dirigées déciment de plus en plus ; la tâche sera difficile, il est vrai, mais elle n'est point impossible. On y parviendra surtout en traitant le naturel avec bonté, tout en conservant à son égard une juste sévérité, en le faisant progressivement participer à nos travaux, en le retenant par des salaires, et en obtenant surtout des chefs que ces rétributions ne lui soient pas enlevées. Le jour où l'on viendrait à créer des centres d'agriculture, il faudrait y attacher un certain nombre d'indigènes choisis surtout parmi les jeunes gens ; ils prendraient alors une idée de nos cultures, ils verraient les avantages que produit l'élève du bétail, ils chercheraient à en élever eux-mêmes, et bientôt l'on verrait disparaître sans retour l'anthropophagie, cette plaie des sociétés à l'état naturel.

Tel j'ai vu le Néo-Calédonien, tel je le représente ici ; certes je ne prétends point faire de lui un Adonis, tant s'en faut ! il y en a de laids, de très-laids même, et beaucoup ; mais, pris en général, il constitue une belle race où l'on rencontre des types, surtout parmi les jeunes hommes, presque aussi beaux, moins la couleur, que ceux de Taïti et de Noukahiva.

Que ne puis-je faire un portrait semblable de la femme ! Malgré la meilleure volonté, il faut rendre justice à la réalité. Les femmes en général sont laides et, à première vue, n'inspirent que le dégoût ; et cependant leur laideur est loin d'approcher de celle des Australiennes. Leurs formes sont outrées et par conséquent disgracieuses ; ne connaissant que le côté matériel de la vie, elles n'ont aucune des qualités de la femme civilisée, et semblent maintenant encore être ce qu'Eve était lorsqu'elle sortit des mains du Créateur. Elles ont la tête petite, les épaules larges, le cou court, la poitrine développée ; les seins affectent une disposition pyriforme développée outre mesure ; le mamelon est assez volumineux ; une seule grossesse et un allaitement trop prolongé suffisent pour les flétrir, les rendre pendants et leur donner un énorme volume. De taille moyenne, elles dépassent rarement 1^m60. Solidement construites, leurs forces augmentent encore par les rudes travaux auxquels elles se livrent et qui retombent entièrement sur elles. Lorsque la vieillesse arrive, et elle vient rapidement, des rides nombreuses sillonnent en tous sens leur peau ; les seins se flétrissent et ressemblent à des choses sans nom ; et leurs traits hideux rappellent en quelque sorte ceux d'un orang-outang, auquel on ne peut s'empêcher de les comparer. Cependant elles ont, comme les hommes, la taille bien prise, surtout pendant la jeunesse ; leurs traits à cet âge, sans être beaux, n'ont rien de désagréable, quoiqu'ils soient loin de ressembler à ceux des femmes des Loyalty, qui ont quelques gouttes de sang polynésien dans les veines ; leurs grands yeux suffiraient d'ailleurs à leur donner un certain attrait. Lorsqu'elles vivent dans un meilleur milieu, comme celles que prennent certains colons, elles conservent plus longtemps les priviléges de leur *beauté*, relative bien entendu. Non soumises à l'arbitraire du sauvage, elles prennent des habitudes de propreté, de luxe même, qui montrent que le jour de leur émancipation approche.

Il est un fait indubitable, c'est que les Néo-Calédoniens sont aptes à la civilisation ; mais, il faut en convenir, la civilisation par les missions a pour eux de funestes résultats ; dans toutes les tribus, en effet, où elle s'est le plus développée et où se sont établis des missionnaires, la population a diminué d'une manière sensible, soit que les changements d'habitudes en aient détruit beaucoup, soit que, par un exil volontaire, les naturels se soient éloignés des lieux de leur naissance. A Wagap, pour citer un exemple, lors de l'arrivée des robes noires, l'on comptait une population de 4,000 individus environ ; aujourd'hui c'est à peine si 600 répondent à l'appel ; à Poebo, il en a été de même ; à Balad, il n'y a plus personne ; enfin, à l'île des Pins, dont les guerriers étaient renommés, et où l'on comptait un nombre considérable d'habitants, 600 à peu près existent encore.

A considérer ces effets désastreux comme une voie à la colonisation et à l'occupation complète du territoire par la race blanche, certes cette prétendue civilisation rend des services inappréciables. Elle n'a, en effet, comme on l'entend actuellement, que de fatals résultats ; car l'on veut la mener trop vite et lui faire produire des fruits que le temps seul peut faire naître.

Citons ici les appréciations d'un savant qui a laissé non-seulement des travaux recommandables, mais, ce qui vaut mieux encore, la réputation d'un homme de bien : « La civilisation, dit M. Gratiolet, ne pénètre pas chez eux d'une manière normale. On cherche à civiliser tout d'abord les adultes ; on les soumet tout d'un coup à des mœurs, à des usages, à un genre de vie entièrement nouveaux ; ils s'y prêtent, mais l'ennui les gagne, parce qu'ils n'ont pas été élevés pour cela. C'est par les enfants qu'il faudrait commencer ; c'est dans les jeunes générations qu'il faudrait répandre les germes de la civilisation ; on a fait le contraire jusqu'ici, et il ne faut pas trop s'étonner des conséquences de ces tentatives mal dirigées. »

Et, d'ailleurs, à quoi bon tous ces essais de régénération ? Pourquoi ce grand étalage de pleurs et de gémissements sur la destinée de races qui doivent fatalement disparaître et faire place à une race unique et plus parfaite ? Qui ne voit un effet providentiel dans cette manière dont la race blanche se répand par le monde et s'y établit en race dominatrice ? Laissons paisiblement s'éteindre ces peuples qui lui sont inférieurs ; adoucissons autant que possible le sort qui les menace ; mais, par une prétendue civilisation , n'allons pas leur créer de nouveaux et inutiles besoins, et ne nous apitoyons pas sur leur sort, si la somme des félicités humaines doit s'accroître de leur disparition. C'est tenter l'œuvre de Dieu qui a créé les hommes inégaux sous le rapport de l'intelligence ; maintenons-la selon nos forces, mais n'essayons pas de la transformer ; nous remplirons mieux ainsi les vues de Celui qui n'a pas daigné leur donner une conscience capable de le comprendre, et qui, s'il l'eût jugé à propos, les eût créés perfectibles par eux-mêmes. Ces races diverses végéteront jusqu'à ce que l'homme blanc ait une descendance assez nombreuse et assez puissante pour couvrir le monde.

Déjà, les temps sont venus où cette grande loi s'accomplit : de jour en jour, notre globe se refroidit, et le moment n'est pas éloigné , que les débris décimés de ces races , nées pour des climats où règne une éternelle chaleur, se fondront comme des glaces se fondent aux rayons d'un chaud soleil.

Caen, typ. F. Le Blanc-Hardel.